꿈꾸듯 변해가는

항구의 계절

박이정시선 06

꿈꾸듯 변해가는
항구의 계절

초판 인쇄 2020년 7월 31일
초판 발행 2020년 8월 7일

지은이 유한아
펴낸이 박찬익
편집장 한병순
책임편집 유동근

펴낸곳 (주)박이정
주소 경기도 하남시 조정대로45 미사센텀비즈 7층 F749호
전화 02-922-1192~3 / 031-792-1193, 1195
팩스 02-928-4683
홈페이지 www.pjbook.com
이메일 pijbook@naver.com
등록 2014년 8월 22일 제2020-000029호

ISBN 979-11-5848-384-5 03810

* 책값은 뒤표지에 있습니다.

박이정시선 06

꿈꾸듯 변해가는

항구의 계절

유한아 시조집

(주)박이정

시인의 말

바다가 보이는 항구를 주제로 시조를 지어야겠다는 계속된 생각을 이어, 이번에는 항구의 계절 모두를 소 주제로 삼아보았다.

사시사철 언제나 불을 밝히고 배들의 인도자가 되어 주는 항구의 붉은 등대처럼, 사계절 속에 변해가는 모습들을 조금씩 항구라는 무대와 바다라는 자연 속에 삶을 빗대어 표현하였다.

비 내리는 항구는 시원하며 운치가 있었고, 눈이 내리는 항구는 외로움과 여운이 있었으며, 거센 파도가 치는 항구는 눈물과 노랫소리가 남겨 있었다. 운이 좋아 언제든지 바다 냄새나고, 아름다운 풍경이 보이는 이곳에서 글을 쓴다는 것에 감사를 느끼며, 변하는 사계절 속에서 느끼는 감성들을 여기에 조금이나마 담아 보고자 하였다.

끝으로, 아직 여러 가지 마음 복잡하고, 책을 낸 지 얼마 안 된 짧은 기간에 두 번째 시집을 낸 것 같아 많은 부족함이 앞서지만, 좀 더 솔직하게 나 자신을 표현하는 글을 쓴 것이라 생각을 하며…….

글을 읽어주시는 모든 분들께 고개 숙여 감사드립니다.

항구 옆 어느 자리에서...

2020. 7. 29 佳川

차례

II부
여름의 記憶(기억)

III부
가을의 痕迹(흔적)

IV부

겨울의 完成(완성)

Ⅰ부

봄의 美學(미학)

봄의 港口(항구)

먼출항 시작하는 항구내 안개 바닷가
설레는 마음으로 흰 구름 잡아보며
바다는 은근슬쩍 꺼낸 손짓으로 웃음띄네

분주하고 바빴던 삶 속에서 누리는
서로의 두근거림 기대와 벅찬 감흥
항구에 서서히 묻어오는 봄향기 냄새가득

뱃머리 나와 앉아 푸른빛 바라보면
숨 쉬듯 떠오르는 영혼속의 고요함
뱃고동 깊은 울림과 긴 발걸음 시작되네

물장난

일상의 무던함과 나른함 찾아오면
파도는 보란 듯이 장난을 시작한다
다정한 친구마저도 깜짝이는 못된장난

고요하고 나이 어린 동생처럼 평온장난
몹시 화난 무서운 누나같은 성난장난
온종일 아무에게나 보란 듯 끝없는장난

때로는 까만빛으로 모든 걸 가려보고
때로는 아주 맑은 초록빛으로 멋을내고
우울한 고독 잊기위해 파도는 출렁인다

항구 山房(산방)

산위에 연기자욱 고요하고 깊은 곳
청명한 풍경소리 들려오는 마음 찾아
통통통 푸른 인어뱃길 건너온 항구산방

거북 머리 쪼르르 약수물 떨어지고
범종 소리 울리면 참새들 후다다닥
누비진 저고리 입고 수행수업 준비완료

귀여운 동자승들 꾸짖음에 웃음 가득
냄새로 홀릴듯한 옛 전설 점심공양
긴고민 잠시 쉬면서 나에게도 물어본다

* 산방 : 산속 마을에 있는 집의 방, 산속에 있는 절

사랑의 뱃삯

저기 있는 강가옆 뱃삯은 얼마지요
노오란빛 저고리 하늘로 날아갈 듯
어리어 보는 아가씨 묻고 또 물어본다

공짜로 내어준다 말해도 마다하고
얼굴도 똑같이 붉게 하늘 바뀔때마다
연거푸 반복하여 나루터 찾아와 묻곤 했다

누구를 기다리나 어디에 가려 하나
질문에도 웃음 섞여 또다시 도망가듯
나지막 속삭이는 말 한마디 내일 또 올게요

나루터 강가

나룻배 걸터앉아 유유히 지나가는
대나무 바람 타고 산천초목 바라본다
지금껏 지켜온 나의 선비정신은 무엇인가

밤길에 읊어대는 대쪽같은 말 한마디
절개를 벗 삼으며 살아온 지조처럼
주위의 자연 벗삼아 떳떳했던 굳은의지

고결한 인품으로 만족하며 살았던가
만나고 떠나감이 일정한 나루터에
그리움 또다시 시작되는 물소리 들려온다

인생의 흔적

빗방울 내리던 날 소리없는 파도에
수많은 사연 안고 부서지던 모래성
시간의 침묵 흐르듯 가슴속에 새겨졌네

세상 속 사랑이란 글자는 무엇일까
지워진 그림 앞에 떨어지는 눈물방울
새벽녘 차디찬 옷자락 뒤덮은 이슬여인

손바닥 스르르륵 빠져나간 모래 위에
또다시 그려지는 우리네 추억 인생
가벼운 인사로 머리 숙이고 지나가네

그림 두 점

저멀리 기억속의 어린시절 그림 두 점
어두운 저녁시간 슬픈 현실 앞에서
얼마나 행복했는가 나에게 묻고싶다

만국기 하늘위로 하얀 박 터져가고
총소리 기다리는 긴장 어린 얼굴들
운동장 먼지조차 잊고 달려가던 웃음하나

주변에 새싹그림 따사로운 빨간 햇살
노오란 개나리가 함께하는 봄 소풍
참새빛 친구 손잡고 걸어가던 웃음두울

이만큼 나를 아는 사람이 있는걸까
소리치는 사람도 나무라는 사람도
언제나 내곁에 있으며 말해주길 바래본다

해 저문 수평선

오래전 책갈피에 꽂아둔 잎새처럼
문득 보면 반가운 사람이 되었으면
가슴에 붉게 물든 연지색 석양처럼
가까이 다가와 속삭이는 연인이 되었으면

향기는 옅어져도 그리움은 남겨지고
기억은 없어져도 옛 추억이 생각나는
허전한 공간 안에 그대와의 발걸음
하루해 긴 눈을 감는 수평선 걸어본다

죽 한 그릇

따뜻한 죽 그리워 오랜길 걸어왔다
입맛이 없을 때면 해주시던 호박죽
그맛이 그리워 무심코 오랜길 걸어왔다

알아주는 사람 없는 우리의 슬픈현실
경쟁이란 모퉁이에 살아가는 현대인
힘들고 지쳤던 오늘 무척이나 외로웠다

우울하고 아플때 가장 빨리 준비해
나를 위해 정성껏 만들어 놓아주시고
곁에서 늘 안쓰럽게 지켜주신 단 한분

틈틈이 그리워서 오랜 길 걸어왔다
입맛이 없을때면 해주시던 죽 한그릇
그맛이 그리워 무심코 오랜길 걸어왔다

언덕 위에서

하늘마저 울어버린 바람솔솔 무지개달
외로움 간직했던 송화가루 날려오면
저멀리 휘몰아치는 가슴속 먼짓가루

재너머 고향집에 두고 온 아이처럼
보리밭 이랑 사이 일렁대는 잔물결
아쉬움 끄덕거리며 눈물로 밀려오네

주위에 봄꽃 만개 아름다운 들여름달
지나간 옛 생각에 심장은 두근거리고
지붕위 저녁노을도 꽃처럼 붉어졌네

* 무지개달 : 4월, 들여름달: 5월

* 이랑 : 갈아 놓은 밭의 한 두둑과 한 고랑을 아울러 이르는 말

돌게의 꿈

세상삶에 지쳐버린 조그만 바다 돌게
땅속깊이 숨어있다 봄 끝자락 마주한다
질퍽한 진흙 뻘밭 안 숨구멍 내밀면서

갈매기 웃고 있는 무서운 바깥세상
현실을 낚아채는 두려움을 모른 채
커다란 두 손 올리고 눈망울 꿈뻑꿈뻑

짠내솔솔 바다내음 뻥 뚫린 넓은전망
잊혀졌던 인생을 징검다리 삼아서
차가운 발 담가보며 일탈을 꿈꿔본다

글을 쓰며

예인의 길을 찾아 거리를 배회한다
사람들 웃음 속에 장단을 맞춰보고
구슬픈 노래로 지그시 한탄을 시작한다

삶 속을 긁적이며 옛시조 배워보고
울음 속 가야금을 가락으로 뜯어보며
수많은 운율을 쌓아가는 고달픈 삶의방식

고고한 학춤처럼 전해지는 전설 따라
떠나버린 정든님 아리랑 이야기 따라
오솔길 산모퉁이 억새빛 詩心(시심)을 만나본다

* 시심 : 시인의 마음

나들이

언덕위 푸른농장 달콤한 냄새 진동
까만씨 콕콕박힌 탐스러운 빨간 딸기
한웅큼 손에 담아서 아이에게 주었으면

오랜만에 내리쬐는 따뜻한 햇볕마저
고달픈 삶이라고 어겨지는 이 순간
누르는 허리뼈 통증 물결치는 아스팔트

볼이 빨간 딸아이 한쪽손 꼭 쥐고서는
엉금엉금 걸음 마쳐 내려오는 골목길
멋쩍게 터진 손으로 눈물을 닦아본다

思索(사색)

갓머리 고쳐 매고 봇짐을 둘러맨 채
슬며시 흘린 눈물 닦아서 날려보네
낡고도 닳은 짚신짝 주섬주섬 밟아가며

내리쬐는 태양은 애인의 붉은 입술
고요한 흰 달빛은 친구의 깊은 침묵
비단결 갈대 훑어내며 마음을 달래보네

강물옆 펴져 가는 황금채색 무지개
바람길 지나가는 나뭇잎 노랫소리
긴세월 또 눈감으며 산허리 올라가네

海霧(해무)

무서움 느껴지듯 차분하고 고요한 항구
천천히 작은 배는 바다를 질러간다
하이얀 물빛 안개에 묻혀버린 불빛들

마을을 덮어보고 큰 섬하나 감싸보고
새벽 일찍 일어나서 제일먼저 느끼라고
두둥실 공허한 마음 보여주는 바다안개

무엇이 자신들을 기다리고 있는걸까
분별하기 힘든 곳 무던히 애쓰지만
조금씩 보이지 않는 두려움도 느껴본다

다시 돌아온 봄

햇살은 빛이나고 강물은 반짝인다
태극기는 펄럭이고 잎새들은 변해간다
세월은 흘러가는데 남겨진 마음 한구석

그 마음 지우지 못해 이렇게 살아가고
그 마음 견디지 못해 이렇게 살아간다
미안한 그리움으로 세상은 또 일렁인다

솟아나는 새싹하나 피어나는 풀 한포기
푸릇한 이 기운을 향긋한 봄 향기를
조용히 밀려가는 바람에 전달할 수 있다면
하늘에 마주앉아 이야기 전할 수가 있다면

지나가는 봄비가 어깨를 매만진다
기억은 처마 옆에 떨어지는 빗물처럼
추억은 흘러넘치던 어린아이 눈물처럼

오래된 속마음을 지나가며 묻곤한다

바닷가 노점상

주변에 변해가는 화사한 봄꽃거리
곳곳에 퍼져가는 아카시아 향기 풀풀
저절로 흘러가는 저 시간마저 야속하다

햇볕은 꾸벅꾸벅 갈매기는 힐끗힐끗
연세 드신 할머니 노점에 나와앉아
모래밭 길거리에서 시작되는 좌판장사

긴세월 병명 모를 원인은 뒤로한채
혼자남아 누워있을 나이 어린 손녀딸
얼굴만 종일 떠올라 가슴은 더 아려온다

목숨건 겨울 무사히 지나길 기도하며
따뜻한 봄기운 맞이했던 삶의 애환
온몸에 삭신이 쑤시는 순간을 참아내며
공중을 뿜어내는 목소리 거리에 쏟아진다

합숙소에서

아침에 고함치는 함성이 꼬리 문다
피곤한 눈빛으로 선생님 따라 이리저리
개구리 하품하는 듯 귀엽게 보여진다

조잘조잘 학습에 율동하고 노래 연습
온종일 붙어 다니며 식사와 잠자리까지
모르는 새 친구에게 느껴지는 친구애

경쟁하는 점수에 먹고사는 직장에
험한세상 부딪혀 만나는 친구란 걸
애들은 알 수 있을까 다시또 만날 것을

봄의 쑥개떡

칭얼대는 어린 동생 퍼데기 둘러맨채
누나는 쑥뜯으러 아침일찍 들로 나오면
온마을 여기저기 핀 독특한 쑥냄새들

식이야 집에 가서 맛난떡 해먹을까?
여인이 되고싶던 곰 마냥 먹기위해
바구니 가득 손수뜯어 담았던 푸른빛쑥

귀엽게 노려보는 어린 뱀을 피해서
솜털이 촘촘히도 나있는 어린쑥 따다
멥쌀에 버무려 먹던 쌉싸름한 쑥개떡

비오는 어느날에 눈에 보인 그림자
차례상위 올려둔 군침 나는 떡하나
참새떼 반해 지나가고 누나는 웃고있네

개다리소반

개다리소반 위에다 준비한 소금엣밥
마주앉은 아저씨 술 냄새 진동하고
누운채 잠자는 아저씨 코골기 시작하네

누가 뭐래! 어려워도 악착같이 돈모아
떵떵거리고 예쁜 부인 얻어서 살거야!
눈풀린 곰보 아저씨 우악스럽게 고래고래

모진 세상 쉴새없이 살아가도 한세상
못 배워 비벼가며 아첨해도 한세상
나홀로 채워지지 않는 입다짐 속다짐하네

* 소금엣밥 : 반찬을 변변찮게 차린 밥상
* 입다짐 : 말로써 하는 다짐
* 속다짐 : 마음속으로 하는 다짐

봄의 뱃머리에서

서글픈 구석안쪽 보고픈 이 밀려오듯
지나가는 한켠에 어두움 드리우면
잔잔한 푸른 봄바다 눈물속 일렁이네

설레는 영혼 앞에 낯서는 두근거림
시원한 바람 향기 느껴지는 봄소식
파란빛 물결 속에서 마음껏 소리지르네

먼 산에서 어여삐 유혹하는 산속요정
여기저기 변신하며 윙크로 반겨주면
천천히 노래 부르며 뱃머리 돌리게하네

Ⅱ부

여름의 記憶(기억)

여름의 港口(항구)

사투를 벌여가는 모기와의 씨름 전쟁
물따귀 맞아가는 얼얼한 붉은 자국
밤더위 목소릴 높여가는 배안은 아수라장

비누빛 거품 가득 출렁이는 바닷가
밝은 항구 덮치는 어둠의 그림자들
나이든 어부 마음은 덩달아 바빠지네

조금씩 퍼져가는 등댓불 여름 그림
거친 파도 지켜냈던 북적거린 고단함
노곤한 졸음 파도 소리에 잔잔히 찾아오네

추억이 흐르는 바다

어깨가 들썩들썩 온몸이 파르르르
찬바람 검은색 옷 치마가 갈라지듯
차가운 눈물 방울방울 모래에 쏟아진다

힐끔힐끔 쳐다보는 낯선 이의 모습들
외롭고 고독했던 순간을 비웃듯이
떼지은 흰 갈매기들 키득키득 웃음소리

긴세월 힘들었던 각자의 깊은 아픔
뜨거운 마음 한구석 붉은색 두근거림
그리움 가득 담겨진 젊음 또한 흘러가고

흐느끼는 바다가 잔잔히 들려주는
오랫동안 참아왔던 가슴속 깊은 이야기
폭풍속 파도 거치면 수면위로 떠오른다

배멀미

뜨거웠던 붉은 해 지평선을 비추다
파도에 눈이 부셔 배멀미 울렁댄다
바다위 피를 토한듯 번져가는 비린냄새

째려보는 모래에 부여잡은 머릿속
긴떨림 뒤로한 채 손끝은 찌릿찌릿
나일론 옷감처럼 죽 미끄러져 떨려온다

식은땀 묻어나는 항구의 오후 시간
약 먹은 증상처럼 기억은 잊혀지고
익숙한 삶의 하루도 또 한번 지나간다

섬 속의 보석

갈매기 쉬어가는 항구옆 작은 섬하나
가게하나 없었고 병원하나 없었던
동화속 같은 이곳의 마지막 러브스토리

검은빛 해녀아내 갈색 그인 선장남편
어머니 바다 같은 초록빛 보석가득
아버지 하늘 같은 푸른 물빛속 진주반짝

화내는 방법조차 모르는 이곳에서
전해지는 전설속 달콤한 사랑 이야기
영원한 약속조차 희미해진 남겨둔 보석하나

작은 먹돌

비린내 향기 나는 흑비누 준비하며
갈매기 새 소식을 온종일 기다리는
숨쉬며 빛을내는 돌 커다란 눈 움직이네

너울속 강한 함대와 고요한 갯벌사이
얼음장 같은 바다와 뜨거운 태양사이
말없이 휴식 취하듯 눈감은 고독의 흔적

멀리 떠난 친구들 하염없이 그리워
누군가와 떠나고픈 새까만 작은 먹돌
자신을 다듬는 모래장난 다시금 시작하네

* 먹돌 : 제주도 바다에 있는 돌

바다를 걷다

잊혀진 그리움에 연연했던 바닷가
물빠진 모래사장 그사이 어느 틈에
떠났던 발자국들이 소리 없이 남겨졌네

고개숙인 갈매기 눈이 큰 물고기떼
눈물로 적셔 물든 짜디짠 소금바다
고요함 함께 느껴지는 잔잔한 파도거품

햇살 속에 너와나 진주처럼 빛났고
웃고 있던 무대앞 영화가 되어졌던
서글픔 베인 일곱빛깔 무지개 푸른 움직임

어두운 소용돌이 지나가는 물보라
다시 한번 뒤돌아 그 자리 걷노라면
날리는 시린 물방울 순간들이 흩어지네

스무 살의 이별

붉어진 저녁노을 창가에 기대서서
사랑했던 젊은 청춘 이별을 고했다
시간이 모든 걸 해결해 나중에 괜찮을 거라고

긴 세월 침묵들은 그때를 이해하고
잘한 거라 다짐하듯 살아가면 된다고
스무살 청춘 아프게 나 자신 위로했다

뜨거웠던 사랑과 깊은 열정 억눌렀고
울먹이던 외로운 삶의 흔적 지워가며
공허히 살아온 나는 지금 만족 하는걸까

기녀

붉은색 댕기머리 곱게 올려 비녀꽂고
살구색 고운 얼굴 분가루 매만지면
저멀리 동구 밖부터 울어대는 까치떼들

삼회장 짧은 저고리 하늘하늘 치맛자락
얼마전 새로 사 온 빛깔고운 비단꽃신
귀여운 까까머리 도령 여기저기 기웃기웃

누구와 놀아볼까 그녀들 웃음소리
내세상 따로 없듯 말타고 올라서니
향긋한 향기사이로 큰 가체 흔들리네

* 삼회장 : 여자 저고리의 깃과 소맷부리, 겨드랑이에 대는 자줏빛이나 남빛의 헝겊

폭풍우 치는 밤에

엊저녁 아래부터 거센 폭풍 긴급하게
전국에 몰아칠 거라 연거푸 외쳐댄다
밤잠을 설레게 하는 깜빡깜빡 불빛들

낡은 유리 창가에 탁탁탁 부딪히는
빗소리 들려오고 바람 소리 울어대면
깊숙이 넣어두었던 오래된 중고 라디오

먼 기억의 주파수 이리저리 맞춰보면
추억으로 향하는 긴 인연의 끝자락
그립던 그 말 한마디 들으며 밤을 지샌다

사랑 유혹

아침부터 시끄럽게 고목 나무 매달려
군데군데 커다랗게 울어대는 매미 소리
요란한 사랑 유혹에 귀청이 나갈 것 같다

뜨겁게 열일곱 해 기다린 반쪽 만나
한 달간 멋지게도 자랑하며 살기 위해
어여쁜 비밀의 정원 러브미팅 축하쇼

아침부터 시끄럽게 고목 나무 매달려
군데군데 커다랗게 울어대는 매미 소리
요란한 사랑 유혹에 귀청이 나갈 것 같다

만리포의 기억

누군가와 추억을 만들었던 만리포 기억
다른데 가지말고 어둡기 전에 돌아와
바다는 피흘리는 외침에도 장난하듯 웃고있네

천천히 입가에서 퍼지는 옅은 한숨
석양은 빛을 내는 아름다운 천사날개
등지고 듣고 있었던 허전함도 끝이났네

거절에 나약해서 눈물에 소심해서
그리움 만들었던 소름 돋는 흔적들
멀리서 야단맞은 날씨 슬며시 고개 숙이네

白月(백월)

작은새 쉬어가다 물 한 모금 내뱉어
소리없이 물결치는 오래된 호수 강가
붉은해 놀러 나와서 즐기다 돌아가네

제시간 맞추어서 떠나는 군손님들
배회하던 늦바람 읊조리던 구름떼
빈자리 어루만지며 둥근달 웃음띄네

밤마다 다가와서 속삭이는 별빛 아래
강가에 얼굴 내민 쟁반같은 하얀달
세상사 돌려놓으며 온 세상 비춰주네

* 군손님 : 오라고 하지 않았는데 찾아온 손님

未練(미련)

미련을 남겨둔 채 연락을 끊었었다
아쉬움을 남긴 채 뒤돌아 서버렸다
하나의 선마저 놓기싫은 나만의 선택방법

언젠가 만난다면 우연히 만난다면
그때의 이유라도 답하고 말하기 위한
특이한 못내 비겁한 단 하나의 이별방식

밝은빛 조명아래 웃고 있는 나의표정
사람들과 담담히 소리 내는 얼굴안에
한번도 어둠속에서 놓지못한 맘 그는알까

붉은 사진

원망으로 쌓여있는 증오의 한오라기
깊은 바다 아래로 깨끗이 묻어두면
다시금 인생의 꿈도 펼쳐질 수 있을까

분노로 솟구치는 파도의 물결처럼
아픔으로 상처받은 마음의 심장들은
조금씩 물빛 아래로 던진 듯 놓아두고

입맞춘 붉은 사진 고이고이 접어서
하늘과 마주치면 두고 온 아쉬움도
서서히 모두 잊은채 행복하게 살아갔으면

바람꽃 불면

바람꽃 불어오고 매지구름 나타나도
긴 한숨 눈물섞여 고개를 끄덕이던
새하얀 솜사탕처럼 어여쁜 나비 한마리

차갑게 뺨을 스치고 지나가는 비바람
고즈넉한 시골집 쪽마루 걸터앉아
축축이 느끼는 흙냄새 떨어지는 빗소리

매화꽃 어루만지는 누군가 만나려고
혼잣말 흘려가며 매일을 기다리면
쓸쓸한 저녁 그림자 또한번 쳐다보네

* 바람꽃 : 큰바람이 일어나려고 할 때 먼 뫼에 구름 같이 끼는 뽀얀 기운
* 매지구름 : 비를 머금은 거무스름한 빛깔

피아노 소리

아름다운 소리들 도로 위에 퍼져간다
검은색 건반들은 아스팔트 사이사이
하얀색 건반은 인도를 밟으며 지나간다

한많은 고전음악 가슴 아픈 발라드
광기 어린 댄스팝송 어지러운 움직임
기억이 다른 각자의 음악소릴 내고있네

누군가는 삶 속을 표현하는 작사가로
누군가는 인생을 만드는 작곡가로
가슴속 음악가 되어 현실을 살고있네

바다의 찬가

파라솔 햇빛 아래 누워있는 연인들
탁 트인 하늘바다 빨려드는 고운모래
화내듯 금세 치켜뜨는 귀여운 어린돌게

아름다운 예비신부 긴장한 여러 표정
주인 따라 뛰어노는 갈색빛 토이푸들
색색깔 물놀이 튜브에 떠다니는 사람들

걱정 없이 아이마냥 즐기던 여름바다
햇살로 깨끗하게 아침을 씻어보며
발부리 끝에 채이는 돌멩이로 마음 굴리네

* 발부리 : 발끝의 뾰족한 부분

침묵이 흐르면

고목은 칼날 같은 추위에도 말이없고
뜨거운 더위에도 묵묵히 기다리며
언제나 자기 운명을 조용히 받아들인다

조심스레 떠나려 헤어짐을 준비하는
고독한 우리들의 미안한 마음가짐
조용히 숨을 죽인채 눈을감고 들어본다

시원한 물줄기가 흐르는 마음처럼
그윽히 풍겨오는 꽃냄새 향기처럼
침묵한 아픔의 자리 다시한번 간직한다

할머니의 박대

하이얀 저고리가 바람결에 나부낀다
이빨사이 가는 실로 직접만든 모시옷
시원한 그 옷이 유난히 멋지게 어울렸던분

더운 여름 느릿한 완행열차 타시고
힘들어 졸면서도 꿋꿋이 오셨겠지
저낡은 보따리들도 손으로 보듬어안고

이른 새벽 교회에 들려서 기도하고
아침부터 시골버스 몇 번을 갈아타며
지나는 사람들에게 물어물어 오셨겠지

박대생선 한 꾸러미 어린돌게 한상자
장에 손수 나아가 자식들 주고싶던
할머니 마음 아직도 고스란히 전해오네

그리운 고향

가까운 저 다리를 건너지 못하였네
웃으며 반겨주던 길가 옆 민들레꽃
능선길 따라 보이던 구름속 푸른산천

달리는 저 기차를 못내타지 못하였네
속좁은 아이마냥 겉으론 연신 툴툴
기미낀 굵은 주름에 보고픈 엄마얼굴

끝끝내 저곳에서 크게 울지 못하였네
넋 놓고 바라보던 어여쁜 노을강가
비오는 날 마루에서 마주보던 무지개

보이는 저 흙한줌 집어오지 못하였네
꿈에서 동무들과 장난하던 마을 어귀
바라보는 눈마저 떨려오는 저곳을
한번더 손끝에 닿길 허공에 손짓하네

한여름 밤 꿈을 꾸다

한세상 잘 놀다가 미련없이 가는인생
잘 먹었고 잘 입었고 많이도 즐거웠네
지내온 나의 인생길 생각하니 행복했네

숨쉬기 편한 공기 깨끗하고 맑은물
정이 많은 나라에 살아서 살기편했고
사계절 아름다운 곳에 태어나 또 행복했네

생전에 남길게 없이 갈수있어 행복하네
무자식에 미련 없이 갈수있어 행복하네
보고픈 그 사람에게 갈수있어 행복하네

無念無想(무념무상)

무언가 가진자는 가지려는 이유가 없다
사랑받는 사람은 누군가를 또다시
열렬히 사랑하려는 마음이 들지 않는다

스스로 아파봤고 다쳐봤던 사람은
커다란 일마저도 사소하게 느껴져
놀라지 않은척하며 아픔을 절제한다

사교성 있는 자는 무관심에 멀어져
혼자만 남겨져도 벗들의 빛을 좇아
또다시 허전하였던 외로움 숨겨 버린다

혼자서 남모르게 남을 위해 사는그들
모든 걸 내려놓고 베풀었던 그들은
없어서 행복하다는 마음이 진심일까

땀 흘리는 바다

더운여름 땀 흘리며 시작한 물결운동
토라진 거센 폭풍우 잔잔히 달래보고
화내는 물결 회오리 떼를써 가라앉히면

그 모습 보기위해 멀리서 온 불청객
어두운 검은 모자 눌려쓰고 나타나
하늘에 하이얀 담배 날리며 번쩍이네

지쳐버린 후유증 코앞에서 눈물 뚝뚝
살아가기 위해서 살아남기 위해서
또다시 시작되는 삶 숨가쁘게 흘러가네

다시 시작되는 장마

회색빛 흐려지고 땀내 나는 여름하늘
천천히 반복하듯 올해도 시작되네
이번엔 그가 오기전 멀리갔다 왔으면

시원한 바람 따라 떨어지는 빗방울
귓가에 들려오는 개구리 이사소리
벚나무 높은 꼭대기 새들떠난 빈둥지

끈적한 목 사이로 시작되는 눈물장마
재빨리 시작되는 번개 반짝 모기축제
어둠속 숨어있던 날 다시또 재회하네

여름의 뱃머리에서

무더운 여름 날씨 기다리던 빗소리
물고기 도망가듯 출항한 작은 어선
배안은 출렁임 커다란 멀미를 시작하네

보리단술 한 사발 입안가득 쏟아붓고
안전키 잡아끌며 괜찮다 말 한마디
차가운 항구속 파도는 조금씩 잠들어가네

매서운 바다 깃발 폭풍을 뚫고나와
세상을 다가진 듯 웃음띄는 겸손함
믿음을 배워가듯 삶의 항해는 계속되네

Ⅲ 부

가을의 痕迹(흔적)

가을의 港口(항구)

불빛에 반짝이던 고깃배 들어온다
재빨리 손질하는 아낙네의 손놀림
좌판은 비린내 풍겨오는 가게로 변신준비

손톱이 찢어지고 잇몸이 떨려와도
밤마다 나와 앉아 갑부가 되어가는
여인들 마음의 비밀 숨겨논채 장사시작

꽁치는 아픔의 삶 고등어는 서러운 삶
속 달래며 마시는 뜨거운 커피한잔
노을빛 가을 항구에도 잔잔히 전해지네

항구의 눈물

넓은바다 지켜보는 한 모퉁이 검은그림자
야박한 시간마저 이렇게 흘러가는데
한세월 더 지나가면 잊혀질수 있는걸까

누구든 발길 따라 지나고 마주치는
소박하고 작은 섬 사랑스런 나의 心友(심우)
이자리 주저앉아 또한번 울음을 터트린다

覆沒(복몰)의 슬픈 소식 안개속 희미하게
꿈속으로 사라지듯 보였던 그의 눈물
통곡에 목메인 항구 요란하게 들썩인다

* 심우 : 마음이 잘 통하는 벗
* 복몰 : 배가 뒤집혀 가라앉음

바다 향기를 타고

붉은 낙엽 하나둘 떨어지는 가을날
빗소리 함께하며 찾아 나선 커피숍
바닷가 항구옆 작은 상상을 펼쳐본다

추억속 가게만큼 올드한 갈색 빛깔
수줍은 커피메뉴 골동품 같은 로스팅
친근한 분위기 느껴지는 익숙한 음악들

지나가는 작은 배 하나둘 세어보면
노을빛 따라가는 과거로의 시간여행
뜨겁던 저 기억 안쪽 운치있는 휴식낭만

꿈꾸는 새

에메랄드 바다위 날아가는 작은 새
끝없는 저 날개짓 멈추지는 않을까
날다가 바다에 첨벙 빠지지는 않을까

한번쯤 새가되어 하늘을 날고 싶다

웅장한 거대폭포 나무 가득 숲속정글
드넓은 아프리카 끝이 없는 모래사막
귀여운 토끼 두 마리 방아찧던 노란달빛

지금의 위로와 만족은 대신할 수 있는걸까

드높이 날고 싶었던 새 한 마리 꿈을꾼다

그날의 風景(풍경)

느릿느릿 잠결에 흐르는 시골 강가
나이 든 강태공들 조용히 자리하네
누구도 보는이 없어 여유롭고 잔잔한 곳

뜨거운 저녁노을 강가에 얼굴 비치면
바람 물결 장난에 화들짝 놀란 표정
화가나 붉어진 강가 가쁜숨을 들이쉰다

두마리 늘씬하고 우아한 고니 옆에
흙탕물 날려가며 도망치는 물고기떼
그윽한 풍경속 발길 愁心(수심)도 멀어지네

* 수심 : 걱정거리, 애가 탐

바다를 사랑한 여인들

사람이 걸어간다 또 한사람 걸어간다
서로들 다른 얼굴 외면하듯 사는 세상
바닷가 여인들 모두 안개에 가려진다

사랑을 감춰두고 사랑을 품어두고
서로를 등지면서 서로를 마주하며
묵묵히 걸어가는 저 여인들의 뒷모습

한평생 위태롭던 물속에서 함께한
소중한 생명들을 넌지시 꺼내놓던
굴곡진 억척스런 모습과 풍기는 해산물냄새

바윗가 저녁노을 지긋이 비춰오면
시원한 바람맞으며 무거운 물소중이
가볍게 어깨메고 앞장서 돌아가는 여인들

휴가의 여유로움

폼을내듯 정박한 값비싼 호화유람선
만찬의 식사 시간 즐기는 수영포즈
고혹적 살랑거리는 한올한올 옷자락

언제든 웃고 있는 한가한 여유로움
같은 공간 같은 시간 다르게 느껴지는
초라한 저 마음들은 나만의 착각인가

쉬는 것이 같아도 바빠지는 생각들
시간이 생겨나도 두려운 검은 현실
지나는 발걸음 멈추고 감흥이나 즐겨볼까

* 고혹적 : 아름다움. 남의 마음을 홀려 정신을 못차리게 하는 것

菊花(국화) 앞에서

피냄새 진동하는 어두운 마을 어귀
타아앙 총소리와 진동하는 화약 냄새
내딛는 발자국마다 요동치는 순간순간

새까만 까마귀 떼 울부짖는 신음소리
참혹한 죽음 오가는 처절했던 전쟁속
붉은색 혼 빠져버린 처절한 비극적 운명

억지로 살아왔던 눈물 맺힌 세월들
먼고향 등져버린 애달팠던 망향 설움
하얀꽃 바라보면서 천천히 털어놓네

가을밤

긴바람 건들건들 웃으며 다가오고
귀뚜라미 가물가물 이 밤을 가져오면
님계신 그곳 곱게 곱게 조용히 가고파라

뜬눈속 꿈길 가려 그리움 지친가을
휘영청 달도 밝아 백화들도 쳐다보네
전하지 못했던 말 한마디 여전히 맴도는가

이슬이 뿌려놓은 보리는 숙여가고
뒷동산 숲속에는 너울진 바람 소리
술한잔 놓지 못한 채 가슴속 달래본다

가을을 기다리며

조금씩 화장하는 아름다운 가을잎
천천히 보여주려고 느릿느릿 뜸을 들인다

선선한 가을 지그시 느껴보기 위해서
뜨거운 여름 외롭지만 숨죽여 보내었다

붉은 가을 잎으로 맞이하기 위해서
파아란 여름 외롭지만 땀흘려 참아왔다

한번뿐인 인생에 어떻게든 살기 위해서
혼자서 애써보는 애달픈 꽃잎 인생

기나긴 삶의 끝자락 서글피 알면서도
가느다란 손으로 매달리고픈 간절함

조용한 가을바람 흔들리는 갈대들
짙어진 가을향기가 코끝에 아려온다

감국 차 한잔

온정신 힐링하고자 향초를 불태우고
내마음 힐링하고자 연꽃을 꽃 피운다
자그만 도자기 안에 보여지는 평온함

한잔은 너의눈물 한잔은 나의눈물
고요한 명상들과 생각 속의 그리움
그윽한 차 한잔에서 느껴지는 따뜻함

엊그제 내린 무서리 보여지는 작은공간
휴식처럼 시작되는 노곤함이 다가오면
오래전 지나간 시간에 눈물을 마셔본다

* 무서리 : 늦가을에 처음 내리는 묽은 서리
* 감국 : 국화과에 속한 여러해살이풀

果樹園(과수원) 길가

폭우 속 숨죽였던 기지개 슬그머니
방울꽃 목욕하듯 춤을 추며 눈뜨고
햇살이 살짝 비치는 기분좋은 미소하루

따뜻한 초록내음 여름날 꿈의 잔치
풋사랑 던져지듯 함께하는 마음으로
조용한 과수원 길가 천천히 걸어본다

차가운 비 맞으며 두려움에 엎드려서
오들오들 떨었던 하아얀 나비 한마리
멀리서 손을 흔들며 살랑살랑 무지개인사

시원한 아침 바람 그윽한 과일향기
지지배배 지저귀는 산새소리 벗 삼아
갈색빛 신혼 나무는 아침부터 포옹준비

길을 따라 나타나는 소박했던 일상들
활기찬 오늘일에 짜릿한 전율 흐르고

땅위에 살아 숨쉬는 기분마저 스으윽

하루가 지나가는 고즈넉한 풍경들
행복한 공간 속에 잠시만 멈춰지길
개울빛 여신에게도 손짓하듯 속삭여본다

아부지의 감나무

뒷마당에 떨어진 무성한 감나무잎
주섬주섬 모아다 마당 가득 풍겨오면
아부지 엄니가 이거 빨리와서 드시래유

눈에익어 익숙한 춤추는 긴 감장대
톡톡소리 함께 내며 제할일을 만끽하네
아부지 이거 학교에 가져가도 되지유

떫은맛 풍기더니 커다란 눈 감게하네
읔-테테텟! 지르듯 튀어나온 말 한마디
아부지 저기 더큰거 저걸로 저거저거유

옷자락 비벼대고 손으로 만져보면
아직은 익지 않아 딱딱하고 작은감
아부지 올해도 감들이 많이 열렸네유

대지의 자연

기다란 지렁이들 춤추듯 꿈틀대고
요동치는 나무 아래 빗방울 맞아가면
길가는 축축하고 한적한 카페로 변해간다

방금전 비가 그친 어두운 저녁시간
노오란 가로등 빛은 강물에 불어있고
신이나 울어대는 개구리 노래는 끝이없다

온몸을 적셔오듯 지나가는 맛바람
보조개로 손짓하며 다가오는 미리내
천천히 마루 손님과 낭만을 대화한다

* 맛바람 : (마파람-남풍)의 방언
* 미리내 : 은하수
* 마루 : 하늘

밤의 손님

검은 밤 그려놓은
아름다운 그림 풍경
요란한 모습으로
부지런히 준비하니
수줍던 색시 가로등
노란 손님 맞이하네

메밀꽃밭

초가을 논밭 위에 새하얗게 피어나
소박하게 웃고 있는 눈이부신 메밀꽃
그리운 연인을 향한 기다리는 목마름

밤중에도 다정히 모밀꽃 사투리로
지나가는 연인일까 보고파 흔들리고
정겹게 환한 달님을 불러보는 사랑님

순박한 어여쁨으로 꽃잎 하나 후두둑
선선한 가을비에 마음을 적셔보고
흐르는 세월 강물에 인생도 젖어본다

삶의 끝에서

길었던 푸른 바다 항해를 넘어가듯
운명처럼 소리없이 모든 것은 끝이났다
바람처럼 지나갔던 삶들은 공허하고
연기처럼 바래왔던 희망도 사라지고
만족함 모르던 욕심과 기대감도 감추었다

운명처럼 소리없이 모든 것은 끝이났다
환하게 꽃을 피던 야생화 메말라가고
입맛 돌던 제철음식 사람을 외면하고
집안의 방구석들은 먼지로 쌓여간다

운명처럼 소리없이 모든 것은 끝이났다
얄팍했던 지식은 기억 속으로 사라지고
가지던 부유함은 떠도는 구름 되어
하찮은 삶의 조각들로 고스란히 남겨진다

운명처럼 소리없이 모든 것은 끝이났다
지상의 쓸쓸함은 그곳에서 만남이

일생의 허무함은 그곳에서 기쁨이
서글픈 눈물은 하늘가 노을이 되어간다

길었던 푸른 바다 항해를 넘어가듯
운명처럼 소리없이 모든 것은 끝이났다
어떻게 살다가는 것이 어떻게 남겨지는 것이
우리가 풀어야 하는 또 하나의 숙제이다

호롱불 아래

축축해진 이불속 간밤에 울던 소나기
여기저기 춤을 추듯 벼룩들 뛰어놀고
호롱불 빛 사이사이 비춰오는 잠든아이들

야위어진 엄마 얼굴 가까이 옹기종기
헤어진 이불보따리 사이사이 검은 눈동자
스르르 웃음 띄우며 꿈속을 헤매이네

초승달 쓰러지는 어두운 밤 지나서야
부지런한 바느질 멈추는 젊은 어미
측은한 슬픈 눈으로 밤하늘 바라보네

齒痛(치통)

찬바람 스쳐 가다 이빨로 스며들면
계속되는 스트레스 신경 쓰는 집안일
우욱신 머리끝까지 진통이 전해진다

펼쳐진 음식들은 맛있는 그림의 떡
한입씩 씹을 때마다 모여드는 주름살
나이가 들면 다른 곳도 이만큼 저리겠지

움켜쥔 수건속에 숨겨진 야윈 눈물
길가에 찌그러져 뒹구는 깡통처럼
찡그린 세월 아파도 그렇게 또 굴러가겠지

영혼의 바다

바다는 고집이 센 영혼속의 안식처
함부로 말했다간 마음을 울려놓고
소리내 달래면서도 나지막이 가르친다

바다는 자유로운 영혼속 믿음 쉼터
스스로 우울한마음 기쁜 마음 가지며
바뀌는 감정 기복을 평온히 다스린다

바다는 순종하는 영혼속 보금자리
지나는 인생모두 덧없는 삶이란 걸
가끔씩 출렁이는 물결 안에서 잠재운다

가을이 오면

아들같이 귀여운 곰살궂은 강아지
아침부터 졸라대며 긴 바지 물어뜯고
지긋한 시골향 냄새 자리를 잡아가네

널찍한 앞마당을 내리쬐는 편한 햇빛
높아진 하늘 위에 다가오는 잠자리
아담한 정자 옆에서 즐겁게 휭휭도네

고즈넉한 산속 길 읊조리는 시한편
불타는 낙엽만큼 허전한 눈빛 하나
스치는 가을바람에 마음도 붉어지네

그리운 날

햇빛이 눈부신 날 농담섞인 웃음으로
천천히 다가와준 그대의 사랑스런 얼굴
한번더 볼 수 있기를 손모아 기도합니다

초롱초롱 눈동자 휘날리는 머릿결
빗소리에도 낭랑히 울려 퍼지는 목소리
꿈에도 다시 들을 수 있기를 애원합니다

건들바람 속으로 떠나보낸 나의 당신
마음으로 건네던 소박한 빗장 하나
여전히 그때도 지금도 그대를 사랑합니다

* 건들바람 : 초가을에 불어오는 서늘하고 부드러운 바람

가을 연가

차가운 두 발목을 휘감는 가을바다
지나간 연가 속에 파도는 소리내네
지금껏 왜 안왔냐고 쇄 혼자 왔느냐고

사는게 힘들어서 사는게 고달퍼서
지금껏 기억의 덫 망각의 그림자로
기나긴 불쌍한 인생 그렇게 살아왔네

서서히 웃으면서 다가왔다 도망가는
수많은 시간앞에 허망하게 무너진 삶
피멍든 가슴 파고드는 상처뿐인 몸뚱아리

주변들 손짓하는 원망의 비웃음들
허탈한 얼굴 위로 굳어버린 눈물자국
저멀리 떠오르는 태양 솟아나는 붉은핏물

몇번이나 망설이고 주저했던 나의 길
손하나 내밀어준 그대를 떠올리며
또다시 하얀 모래속 추억을 묻어보네

편의점 비둘기

사람들 오고가는 주위 시선 외면한채
친구들과 함께 모여 식사를 만끽하는
길거리 주변 골칫거리 회색빛깔 비둘기

통통한 이들에게 한 달 남짓 월급보다
비싼자리 내어준 바닷가 좁은 편의점
소변볼 시간조차 없이 분주함은 눈물바다

떨어진 과자 부스러기 하나둘 시작으로
낮에는 시끄러운 짜증을 주워 먹고
밤에는 비틀대는 고성을 주워 먹어
유난히 바빴던 하루 주위를 쉬게한다

가을의 뱃머리에서

향긋한 입안 가득 퍼져가는 가을향기
행복찬 폭신 솜에 스스로 기대고 싶어
바다는 편안히 누워 잠속으로 빠져버리네

밤사이 떨어뜨린 배 안쪽 나뭇잎 하나
호기심에 찾아든 샘 많은 바람에게
수줍은 말을 건네며 가볍게 손짓하네

따뜻한 정이 그리운 배들의 움직임
반짝이는 새벽별 경쟁하던 밤샘일
뱃머리 선장 지그시 미소를 띄워 보내네

Ⅳ부

겨울의 完成(완성)

겨울의 港口(항구)

몰아치는 파도에 눈물을 흘리면서
매서운 추위에도 얼지 않는 바닷가
고집센 얼굴과 함께 사진들을 담아본다

아무도 찾지 않는 고요한 나의시간
항구도 쉬고 싶어 배들을 재워놓고
갈매기 서너 마리 길가에 사뿐히 내려앉으면

하얀 눈 얼어가는 그리운 마음처럼
지친 파도 철썩이는 소리만 남겨논채
항구옆 서글픈 바다 퍼렇게 멍들어가네

冬竹(동죽)

서늘한 파란 바닷가 외로이 바라보며
푸르른 절개만큼 꿋꿋이 지켜내고
차가운 겨울 바람결 맞아가는 대나무

아무도 밟지 않은 깨끗한 눈 속에서
세상욕망 떨쳐내듯 고결하게 자리 잡은
조용한 선비처럼 말없이 시린밭 자리하네

멀리서 들려오는 선인들의 소리에
몸을 떨던 파도마저 잔잔해진 새벽빛
한번도 꿈쩍않던 동죽 여명속 눈을뜨네

항구 食堂(식당)

항구안 작은 식당 떠들썩한 외침소리
여기예 아저씨예 밥 묵고 가시지예
간절함 표하듯 눈웃음 아낌없이 날려본다

작은멸치 입에문 흰 고양이 웃음씨익
여유마저 한몫하는 짠맛 나는 그곳에
막걸리 크게 한잔가득 들이키고 흥얼흥얼

코 빨개진 얼굴로 세상용서 없는냥
투덜대는 속내임 끝집까지 들려오고
마음속 속절없는 푸념들 항구에 적셔든다

悲心(비심)

마음의 병 때문에 시작되는 잔기침
가슴을 파고들어 심장도 쑤셔댄다
스스로 놓지 못하는 자신의 미련 때문에

지나는 바람처럼 세월을 눈물 삼아
오랜 시간 아파왔던 허망한 깊은상처
주름진 삶에 군데군데 남겨진 여러조각

너덜너덜 찢기고 이리저리 헤집어서
붉어버린 눈 아래 보이는 속살만큼
묻어둔 그리움 안에 하늘도 흐느끼네

回想(회상)

긴이별 끝자락을 머금은 채 돌아온길
차디찬 밤공기는 가슴 안에 들어와
깊숙이 오려진 가위로 조각조각 버려졌다

태초에 누군가가 만들어논 이곳을
소리 없이 밟아왔던 누군가의 이곳을
한순간 우리도 저멀리 잊혀져 버리는걸까

천천히 손닿으면 도망갔다 다시 오는
다시금 반복되는 인연들을 믿어보며
나홀로 저 겨울바다 한가운데 서있네

항구의 고래

미소띤 웃는 얼굴 차츰차츰 주름지고
검게 타버린 큰 이마 벗겨진 머리사이
지나간 찢겨진 상처 고스란히 놓여있네

유유히 퍼져가는 부드러운 몸놀림
시원스레 지나가는 여유로운 물장난
차가운 푸른 바다색 신비스런 마법의손

흰 거품 토해내듯 아름답게 솟구치며
목소리 선보이던 오래된 나의 친구
무심히 쳐다보다 손 한번 흔들고 지나가네

향일암에서

투덜투덜 정상을 보기 위해 올라간다
가파른 저 언덕위 나만혼자 힘들게
지나간 세월 떠올리며 걷고 있는것인가

바다속 용궁처럼 근사한 향 퍼지고
절경이 유명해서 붙여진 이름 그곳
짙어진 구름마저도 안개 바람에 말려온다

좁디좁은 틈에서 보여지는 넓은 바다
붉은해 감싸 안듯 넘어가는 범종소리
저기저 제일 큰 거북이께 소원성취 빌어볼까

경쟁의 그 곳

부스스 잠을 깨는 다섯시 기상소리
베개속 뒤척이며 여기저기 부은 얼굴
아무도 타지않은 첫차에 여유를 누려본다

나란히 줄 맞추어 앉아있는 사람들
하얀 불빛 번쩍이는 광나는 하이드로시
답답한 형광 눈부심은 눈살도 찌푸린다

피곤한 밤잠설친 숨 막히는 자리다툼
웃고있는 내 모습 울고 있는 내 모습
허탈한 경지에 이른 쓸쓸한 이방인들

종이 한장 소리마저 들려오는 압박감
졸린 눈을 비비는 친구들의 지친표정
한번도 웃지못한 공간 근엄한 시계그림자

아침칠판 바라보는 나이 지긋 아줌마
풋풋한 새내기 학생 대머리 직장아저씨

서로를 관심없는 척 바라보며 힐끔힐끔

추운발 동동거리며 사각사각 펜소리
요란스런 기침만 교실 속에 울려대고
종소리 시작과 경쟁은 또다시 펼쳐진다

再會(재회)

긴 항구 내달리는 검은색 택시한대
주변을 거느리며 빠르게 당도하네
귀여운 강아지 연신 소리 지르며 가우뚱

특이한 물빛냄새 고집 센 파란복장
서서히 다가와서 발목 잡던 나의친구
새하얀 눈보라와 함께 연거푸 미소짓네

두꺼운 귀마개와 반쯤 가린 털모자
두팔 벌려 맞이하는 나이드신 노부모
구름속 고향 달빛은 부러운듯 웃음짓네

好海(호해)

그 자리 늘 거기에 있어서 바다가좋다
나이가 들어가도 바다는 변함이없다
나이가 더 들어가도 바다는 늙지않는다

사는 세상 변하면서 누구든지 늙어간다
바다는 쓸쓸하고 때로는 고독하다
저안에 바다는 누구를 누군가를 기억할까

침묵은 입 무거운 바다를 좋아한다
스스로 고뇌하며 자기 자릴 지켜주는
침묵속 늘 변함없는 바다를 좋아한다

빈 마음

허무한 마음속에 칼 상처 내보듯이
눈동자 초라하고 등짝이 초라하고
스스로 나를 채우지 못하는 부족한 느낌

채워지지 않는 삶의 빈자리라 말했던가
바다는 춤을 추듯 바람물결 일으키며
하얀빛 커튼 사이로 슬그머니 숨어버렸다

어여쁜 가시돋는 말 한마디 묻어놓고
따뜻한 불덩어리 꾹꾹쌓아 남겨둔 채
마음만 울먹이는 흔적 달래려 또 애써본다

마른 오징어

거리에 쭈욱쭈욱 걸려있는 오징어
고귀한 날씬 몸매 햇볕에 몸을 태워
길가는 사람들에게 근육질 자랑뽐네

불타는 저녁 아래 아저씨 지나가고
놀러 온 신혼부부 웃으며 지나가면
귀여운 고양이 두 마리 배고파 야옹야옹

새벽녘 떠날준비 분주한 배 안 불빛
눈부신 야경아래 파도 소리 들려오면
잊었던 캬–소주 한 잔 다시금 생각나네

魚市場(어시장)

낡아빠진 고무장갑 투박한 큰 칼자루
탱탱언 동태 머리 강하게 내리치며
두마리 싸게 드려요 매서운 눈치싸움

항구옆 비좁은 곳 냄새나는 좌판속
스산한 새벽부터 마스크 동여매고
비린내 가득한 생선과 한바탕 씨름경기

부지런한 손놀림 익숙해진 사십 년
세월의 흐름 속에 보이지않는 깊은상처
계절의 숨바꼭질처럼 반복되는 인생무상

붉은피 뚝뚝뚝뚝 바다로 물이 들고
계속되는 울렁거림 차가운 숨결 사이
강직한 심장끝 두려움 머물러 변해간다

항구를 떠나며

조심히 내려앉는 하이얀 갈매기 떼
뾰족 입술 내밀며 마지막 작별인사
항구엔 연신 차가운 물방울 흩어진다

마지막 고개마저 외면한 차가운 얼굴
냉정히 돌아서는 수많은 작은 통통배
또다시 마주 칠거란 미련을 남겨둔채

무거운 짐 보따리 조심스레 옮겨싣고
고향을 떠나가는 젊은이 슬픈 눈빛
항구는 오늘도 말없이 울음을 토해낸다

눈사람

차가운 얼굴 위로 찬바람 스쳐가듯
가냘픈 늙은 가지 흔들고 지나가면
외로운 은빛친구 밤새 부여안고 웃음띄네

동편이 밝아오면 밤공기 흘러가고
서편의 은하수마저 서서히 사라지면
새벽녘 마중나온 하늘 웃음띤 아침인사

저멀리 은은하게 퍼져오는 아침 종소리
어느새 마음조차 아이들이 된 것마냥
먼동리 훈훈한 마음 소리없이 깊어가네

외로운 식사

무릎이 시릴 만큼 찬바람도 끝이없다
좁디좁은 방구석 조금씩 밀려오는
고약한 하수구 냄새 마음마저 쓸쓸하다

식탁위 반짝이며 못보았던 은수저 한벌
누군가 마지막으로 슬며시 준비해준
수줍은 그 손길들이 다시금 떠오른다

가슴속 허전함에 집 밖을 나와보니
때마침 지나가는 배고픈 길고양이
나이가 드는 건 점점 외로움이 더함인가

겨울 하늘

세월의 흐름 속에
상처가 난 고목 나무
움푹 팬 긴장감으로
옆구리 시려온다.

답장 없는 연락을
오지 않는 전화를
홀로 서서 하염없이
기다리는 긴 그림자

지평선 그려지는
쌀쌀한 겨울 날씨
손닿지 않는 하늘에
마음을 빌어본다

고뿔에 걸려서

콜록콜록 고뿔에 새벽잠을 설쳤네
뜨겁고 새빨간 볼 뒤엉킨 떡진머리
창문밖 보여지는 아침숫눈 오한도 느껴지네

전봇대 긴 전선줄 지저귀는 참새떼
여기저기 보이는 흑갈색 졸가리들
약으로 속 쓴 위장만큼 허전함 더해가네

집안에 줄기 뻗은 연약한 담쟁이덩굴
매달려 갈라져도 기어가는 덩굴만큼
어디든 밖으로 나가고 싶은생각 드는 날

* 숫눈 : 눈이 와서 쌓인 그대로의 깨끗한 눈
* 졸가리 : 잎이 다 떨어진 나뭇가지

삶을 그리는 바다

한때는 오랫동안 그렇게 살고 싶었다
누군가에 감추고 싶었던 비밀처럼
친구들과 신나게 떠들었던 아이처럼
어릴적 맑고 순수했고 따뜻했던 기억처럼

태엽 풀린 시계처럼 되풀이되는 이야기
여기에 남아 계속 기억해 주었으면
언제나 거짓없던 나 슬픔없는 나였으면

정해진 삶이라는 예정된 시간 안에
늘 똑같은 하루를 힘겹게 사는 우리
출렁거리는 파도처럼 만남과 헤어짐에
주었던 사랑말고 또 남겨지는게 있을까

雪山(설산)

지나가는 저 산위 새치가 생겨났네
군데군데 보이는 차가워진 흰머리
초록빛 염색하려면 한참이 걸리겠지

젊디젊은 세월 안에 느긋해진 가죽과
순식간 거칠어진 세월의 흉터 흔적
삭풍에 인내심마저 깊어진 눈 내린 산

긴 눈물 흘러야만 찾아오는 웃음햇빛
즐거운 여행 약속 손꼽아 기다리며
멋쩍게 흰머리 한번 부스스 털어보네

그리움이 드리우면

흐르는 물소리가 항구에 들려오네
지나간 길가마다 사랑이 맴돌던 곳
손가락 처량하게도 약속을 저버렸네

숨겨진 아픔만큼 시려운 아린 가슴
바람에 흩날리는 수많은 눈물방울
흔들며 매달리고픈 그 사람도 저기있네

그리움에 물소리 들으며 서 있었네
이맘때쯤 아프고 이맘때쯤 허전한
그리운 마음 물소리 저만큼 들려오네

겨울의 뱃머리에서

유난히도 차갑게 느껴지는 추운 겨울
여기저기 몸살로 따뜻한 온기 찾아
얌전한 배안은 갑자기 숨어서 북적북적

거센 물결 요동치며 날카롭게 노려보던
이빨이 시려가던 강추위는 어느샌가
슬며시 바다를 삼키고 기억에서 지워버렸네

떠나고 싶은 마음 잊게하는 冬海(동해)풍경
갑판위 뱃머리에 바람맞고 서 있으니
뜨거운 가슴 수평선 저 멀리 그려지네

* 동해 : 겨울 바다

항구 속에 공존하는 삶의 아름다운 경계

권오휘(평론가, 문학박사)

시는 우리들의 삶을 풍요롭게 하고 더 많은 꿈을 꾸게 한다. 유한아 시인의 두 번째 시집, 『항구의 계절』을 보면 시를 통해서 삶이 풍요롭고, 상상의 나래를 펼칠 수 있다는 것을 이해하게 된다. 우리가 시를 알게 되는 방법은 다양하다. 그 가운데 하나는 자신의 이야기를 통하기도 하고, 다른 하나는 타인의 삶을 통해서 얻기도 한다. 시란, 인간의 사상과 감정들을 언어를 통해 나타내는 언어의 구조물이다.

이러한 의미에서 『항구의 계절』은 제1부 봄의 미학, 제2부 여름의 기억, 제3부 가을의 흔적, 제4부 겨울의 완성으로 유기적인 구조물로 잘 짜여진 하나의 건축물이라고 할 수 있다.

1.

유한아 시인은 시 철학의 기본을 순환적인 사고라는 바탕으로 하고 있다. 따뜻한 봄부터 한 해가 시작이 되고, 이 봄이 지나고 나면 여름이 오고, 여름이 가고 나면 가을이 그리고, 겨울이 온 후에 다시 봄이 되는 새로운 생명을 탄생하는 유기적인 구조로 되어 있다.

산위에 연기자욱 고요하고 깊은 곳
청명한 풍경소리 들려오는 마음 찾아
통통통 푸른 인어뱃길 건너온 항구산방

거북 머리 쪼르르 약수물 떨어지고
범종 소리 울리면 참새들 후다다닥
누비진 저고리 입고 수행수업 준비완료

귀여운 동자승들 꾸짖음에 웃음 가득
냄새로 홀릴듯한 옛 전설 점심공양
긴고민 잠시 쉬면서 나에게도 물어본다

—「항구山房(산방)」 전문

위의 시에서는 자신을 찾아가는 여정이 잘 묘사되어 있다. '산위에 연기자욱 고요하고 깊은 곳 / 청명한 풍경소리 들려오는 마음 찾아 / 통통통 푸른 인어뱃길 건너온 항구산방 〈중략〉 긴고민 잠시 쉬면서 나에게도 물어본다.' 는 자신이 산방을 찾아가서 자신만의 수행시간을 동자승의 꾸짖음과 대비해서 잘 형상화해 놓았다.

저기 있는 강가옆 뱃삯은 얼마지요
노오란빛 저고리 하늘로 날아갈 듯

어리어 보는 아가씨 묻고 또 물어본다

공짜로 내워준다 말해도 마다하고
얼굴도 똑같이 붉게 하늘 바뀔 때마다
연거푸 반복하여 나루터 찾아와 묻곤 했다

누구를 기다리나 어디에 가려 하나
질문에도 웃음 섞여 또다시 도망가듯
나지막 속삭이는 말 한마디 내일 또 올게요

–「사랑의 뱃삯」 전문

사랑은 고무줄과 같다. 이쪽에서 당기면 저쪽은 느슨하게 하고, 이쪽에서 느슨하면 저쪽은 긴장을 하도록 하는 것이다.

'저기 있는 강가 옆 뱃삯은 얼마지요 / 노오란빛 저고리 하늘로 날아갈 듯 / 어리어 보는 아가씨 묻고 또 물어본다 / 공짜로 내워준다 말해도 마다하고 〈중략〉 연거푸 반복하여 나루터 찾아와 묻곤했다.' 사랑은 이처럼 시간을 찾아가는 과정으로 해석할 수 있다.

시간은 인간의 기다림과 그리움을 함축하고 있을 뿐만 아니라, 기다림과 그리움 너머의 현실까지 포함하고 있다.

다음 시를 보자.

갓머리 고쳐 매고 봇짐을 둘러맨 채
슬며시 흘린 눈물 닦아서 날려보네

낡고도 닳은 짚신짝 주섬주섬 밟아가며

내라쬐는 태양은 애인의 붉은 입술
고요한 흰 달빛은 친구의 깊은 침묵
비단결 갈대 훑어내며 마음을 달래보네

강물옆 펴져 가는 황금채색 무지개
바람길 지나가는 나뭇잎 노랫소리
긴세월 또 눈감으며 산허리 올라가네

―「思索(사색)」 전문

시인의 「思索(사색)」 이라는 전문을 보면, 사물을 관찰해서 대상을 형상화하고, 그것을 통해서 자신의 이미지를 표출하고 승화해 나가고 있음을 볼 수 있다. 이렇게 보면 시인은 사물을 통해 그것이 지니고 있는 속성을 나타내고, 자신을 드러내고자 했다. 그는 시적 형상화에 충실한 것이다.

갈대가 바람에 일렁이는 벌판에서 혼자 걸어가는 느낌도 그려내고 있다. 이는 시적인 긴장감도 적절하게 드러낸 것이다.

그것은, 시가 상황을 불러내고 상황은 은은한 한 곳을 응시하게 하며, 지나온 삶의 한 자락을 그리워하는 마음으로 주먹을 쥐었다 펴서 바람을 잡는 느낌이다.

2.

시가 상황을 불러서 바다에 던져 놓으면, 바다는 한 폭의 그림이 된다. 시인은 항구를 통해서 숭고함과 마주할 때 한없이 겸허해진다. 자신에게 늘 그림자처럼 따라다니던 그리움에서 잠시나마 벗어나서, 가벼워진 모습으로 있는 그대로의 모습과 마주하게 된다.

사투를 벌여가는 모기와의 씨름 전쟁
물따귀 맞아가는 얼얼한 붉은 자국
밤더위 목소릴 높여가는 배안은 아수라장

비누빛 거품 가득 출렁이는 바닷가
밝은 항구 덮치는 어둠의 그림자들
나이든 어부 마음은 덩달아 바빠진다

조금씩 퍼져가는 등대불빛 여름그림
거친 파도 지켜냈던 북적거린 고단함
노곤한 졸음 파도소리에 잔잔히 찾아오네

—「여름의 항구(港口)」 전문

바다가 파도를 통해 하루를 치열하게 살다가 저녁에 물결이 잔잔하게 가라앉듯이, 시인도 치열하게 창작활동을 한 후 노곤한 졸음을 파도 소리에 맡긴 채 휴식을 취한다.

또한, 「추억이 흐르는 바다」에서도 순백의 그리움은 느껴진다. 그것은 시인의 삶이 그만큼 자신을 향한 그리움에 숙성이 되었다는 것을 의미한다. 그렇지만 「배멀미」에서는 나름대로의 인생을 맛보기도 한다. 시인은, 삶이라는 현장에서 바람이 불고 파도가 치는 대로 그렇게 살아오면서, 노곤한 졸음 속에서 그리움이라는 약을 먹고 또 하루를 인내하며 보내기도 한다.

형식의 미학을 통해서 시는 마음의 향연임을 다시금 확인할 수 있었다. 이들 제재들은 특별할 것이 없다. 아무도 관심을 가지지 않는 주변 환경을 시인만의 애정 어린 눈으로 보고 있다. 그래서 이 시들은 특별하다. 시가 아니었으면 그 대상이 그렇게 세상에 알려지지 않았을 것이다. 시인을 통해서 새롭게 세상에 이름을 내밀게 되었다. 새롭게 탄생한 것이다.

시인의 또 다른 시를 보자.
잊혀진 그리움에 연연했던 바닷가
물빠진 모래사장 그 사이 어느 틈에
떠났던 발자국들이 소리 없이 남겨졌네

고개숙인 갈매기 눈이 큰 물고기떼
눈물로 적셔 물든 짜디짠 소금바다
고요히 함께 느껴지는 잔잔한 파도거품

햇살 속에 너와나 진주처럼 빛났고
웃고 있던 무대앞 영화가 되어졌던
서글픔 베인 일곱빛깔 무지개 푸른 움직임

어두운 소용돌이 지나가는 물보라
다시 한 번 남겨진 그 자리 걷노라면
날리는 시린 물방울 순간들이 흩어지네

—「바다를 걷다」 전문

이 글에서 시인은 대상을 다양하게 응시한다.

보고 싶은 것만을 보는 것도 아니고, 그리워하는 것만을 그리워하는 것이 아니라, 그 보이는 대상과 함께 호흡하고 그리워하고 있다. 때론 관광버스에서 온몸을 흔들며, 삶의 순간을 발산하는 자신을 보기도 한다. 때로는 석양을 등지고 모래사장에 모닥불이 피어 있는 곳에서, 모래성을 쌓아 놓고 하늘을 향해 팔을 벌리고 자신의 빛을 향해 응시하는 모습을 보이기도 한다.

다른 시 「작은 먹돌」 에서는, 먹돌이 모래가 되어가는 과정을 통해 자신이 원하는 삶을 위해서 하루하루 여행하듯 노력을 한다. 자연에 대한 관심은 인간적인 삶일 것이다. 그로 인해 자신의 정체성의 경험과 소통의 기능을 익히기도 한다.

붉어진 저녁노을 창가에 기대서서
사랑했던 젊은 청춘 이별을 고했다
시간이 모든 걸 해결해 나중에 괜찮을 거라고

긴 세월 침묵들은 그때를 이해하고

잘한 거라 다짐하듯 살아가면 된다고
스무살 청춘 바쁘게 나 자신 위로했다

뜨거웠던 사랑과 깊은 열정 억눌렀고
울먹이던 외로운 삶의 흔적 지워가며
공허히 살아온 나는 지금 만족 하는걸까

–「스무 살의 이별」 전문

시인의 말처럼 삶이란 이별이다. 사랑했던 젊은 청춘과의 이별이고, 시간의 이별이다. 공간과도 이별이다. 무엇보다도 중요한 것은 기억과의 이별이다. 그래서 우리는 되돌아보면서 그 이별이 주는 흔적을 지워가고 있다. 시인은 어느 순간부터 타성이라는 적과 마주하게 된다. 의지는 불가능한 상황과 마주할 때 가능성의 싹을 불러낸다. 시인은 그런 측면에서 지독한 그리움이 타성을 극복하게 해주고 있다.

다른 시 「기녀」 에서는 마지막에 '누구와 놀아볼까 그녀들 웃음소리' 를 통해 삶이란 만남이라 적었다. 우연이거나 필연이거나 웃음을 통해서 만나 향기를 피우는 것이 인생이라고 생각한다. 그래서 이별은 또 다른 만남을 만들어 준다.

3.

시인은 유한한 존재로서, 겪어야 하는 숙명적인 무게를 부재의 상황으로 인해 그리움으로 만들어낸다. 사물의 이면을 보면서 시인은 자신의 감수성을 키우는 혜안을 가지게 된 듯하다. 사물에 대한 응시와 발견 그리고, 그것에 대한 시적 허용을 통해서 대상에 대한 감성이 새롭게 표출이 된다.

불빛에 반짝이던 고깃배 들어온다
재빨리 손질하는 아낙네의 손놀림
좌판은 비린내 풍겨오는 가게로 변신준비

손톱이 찢어지고 잇몸이 떨려와도
밤마다 나와 앉아 갑부가 되어가는
여인들 마음의 비밀 숨겨논채 장사시작

꽁치는 아픔의 삶 고등어는 서러운 삶
속 달래며 마시는 뜨거운 커피한잔
노을빛 가을항구에도 잔잔히 전해지네

–「가을의 항구(港口)」 전문

시인의 가을은 항구로 인해 때론 쓸쓸하고, 때론 비밀이 숨쉬는 공간이다. '꽁치는 아픔의 삶 고등어는 서러운 삶 / 속 달래며 마시는 뜨거운 커피한잔 / 노을빛 가을항구에도 잔잔히 전해지네.' 를 자연물을 통해서 자신의 속을 슬며시 밀어 내고 있다. 그것은 노을이 되기도 하고 항구가 되기도 한다.

시인은 가을 항구의 저편에, 바람이 불어와서 보이는 모든 것을 흔들어 주기를 바란다. 생각이 흔들리고, 자유로운 표현이 춤을 추고, 기억들은 침묵하게 하고 싶어 한다. 고요 속에서 꽃향기는, 자신의 그리움을 좀 더 고결하게 하고자 하는 마음을 싹트게 하며, 가슴 속의 허함을 스스로 채우기도 한다.

시인의 또 다른 시를 보자.

붉은 낙엽 하나둘 떨어지는 가을날
빗소리 함께하며 찾아 나선 커피숍
바닷가 항구옆 작은 상상을 펼쳐본다

추억속 가게만큼 올드한 갈색 빛깔
수줍은 커피메뉴 골동품 같은 로스팅
친근한 분위기 느껴지는 익숙한 음악들

지나가는 작은 배 하나둘 세워보며
노을빛 따라가는 과거로의 시간여행
뜨겁던 저 기억 안쪽 운치있는 휴식낭만

―「바다향기를 타고」 전문

시인은 항구를 통해, 등대를 거쳐 새로운 미지의 세계를 꿈꾸고 있다. 그가 가고자 하는 곳이 구태여 현실이 아니어도 좋다. 그는 바다를 통해서 위로를 받으면 되기 때문이다.

삶은 징검다리다. 힘들 때도 즐거울 때도 그대로 자신의 자리를 지키고 있다. 노을빛 따라가는 과거 속 시간여행이 삶이다. 시인은 운치 있는 낭만이 삶이라고 말하고 있다.

시인은 여성적인 매력도 지니고 있다. 그것은 그의 시 「바다를 사랑한 여인들」에서 보면 잘 드러난다.

사람이 걸어간다 또 한사람 걸어간다
서로들 다른 얼굴 외면하듯 사는 세상
바닷가 여인들 모두 안개에 가려진다

〈중략〉

바윗가 저녁노을 지긋이 비춰오면
시원한 바람맞으며 무거운 물소중이
가볍게 어깨메고 앞장서 돌아가던 여인들

—「바다를 사랑한 여인들」 전문

시인에게 있어서 항구는 여인이다. 항구는 바람이다. 앞에서 불면 뒤에서 따르고, 뒤에서 따르면 앞에서는 한없이 가기만 하는 것이 항구다.

그래서 그리워할 것이 있어도 그리워해서는 안 될, 각자의 짐을 짊어지고 살아가는 항구는 시인을 닮았다. 시인의 삶의 무게처럼, 파도가 치는 대로 멀리 갔다가 머물 곳이 있어도, 다시 돌아오게 되는 것이 항구의 속성이다.

시가 주는 즐거움은, 즉흥적이고 일회적이고 천박하지 않고, 깊고 넓은 강물의 흐름과 같은 기운을 받게 된다. 그래서 시는 예측이 아니라 늘 상상을 할 수 있게 한다.

4.

시인의 시에는 항구의 사계절을 통해서 끊임없는 생성과 소멸을 거듭하는 대자연의 순환, 삶의 순환이 무리 없이 나타난다. 아무것도 없는 곳에서 그리움이 생겨나는 것이 자신이 가는 길이라고 생각한다. 시인의 「겨울의 항구(港口)」를 보자.

몰아치는 파도에 눈물을 흘리면서
매서운 추위에도 얼지 않는 바닷가
고집센 얼굴과 함께 사진들을 담아본다

아무도 찾지 않는 고요한 나의시간
항구도 쉬고 싶어 배들을 재워놓고
갈매기 서너 마리 길가에 사뿐히 내려앉으면

하얀 눈 얼어가는 그리운 마음처럼
지친 파도 철썩이는 소리만 남겨논채
항구옆 서글픈 바다 퍼렇게 멍들어가네

—「겨울의 항구(港口)」 전문

시인에게 겨울 항구는 얼지 않는다. 그곳이 시인에게는 삶의 현장이기 때문이다. 항구는 뱃사공의 집이다. '하얀 눈 얼어가는 그리운 마음처럼 / 지친 파도 철썩이는 소리만 남겨논채 / 항구옆 서글픈 바다 퍼렇게 멍들어가네.' 에서 보이듯이 밤을 새우며, 파도에 시달리는 배를 지켜야하는 사공은 파도 소리에 가슴이 멍이 든다. 항구의 겨울은, 호롱불 사이로 혹은 초승달 쓰러지는 어두운 밤을 지나서 옹기종기 항구에 정박해 있는 배들에게 푸념을 토해낸다.

시인의 또 다른 작품을 보자.

서늘한 파란 바닷가 외로이 바라보며
푸르른 절개만큼 꿋꿋이 지켜가는
차가운 겨울 바람결 맞아가는 대나무

아무도 밟지 않은 깨끗한 눈 속에서
세상욕망 떨쳐내듯 고결하게 자리 잡은
조용한 선비처럼 말없이 시린밭 자리하네

멀리서 들려오는 선인들의 소리에
몸을 떨던 파도마저 잔잔해진 새벽빛
한번도 꿈쩍않던 동죽 여명속 눈을뜨네

—「冬竹(동죽)」 전문

문학의 세계란 아픔과 그리움, 허기짐과 기쁨 등을 통해서 독자에게 진지한 떨림이 있어야 한다. 시인의 작품을 읽다 보면 정갈하고 투명하다는 생각이 든다. '아무도 밟지 않은 깨끗한 눈속에서 / 세상욕망 떨쳐내듯 고결하게 자리 잡은 / 조용한 선비처럼 말없이 시린발 자리하네.' 에서 보이듯이 깔끔하고 혼란스럽지 않은 시적 이미지와 화려하지 않고 소박한 언어표현을 하고 있다.

「동죽(冬竹)」의 작품에서 항구는 성숙하다. 자신을 성장시키고 바다를 잉태하고 해를 토해낸다. 항구는 선비이다. 그래서 세속적인 욕망이 없는 겨울바람 같은 대나무이다. 꼿꼿한 항구는 새벽이 되면 잔잔해진 파도로 새벽빛을 맞이한다.

허무한 마음속에 칼 상처 내보듯이
눈동자 초라하고 등짝이 초라하고
스스로 나를 채우지 못하는 부족한 느낌

채워지지 않는 삶의 빈자리라 말했던가
바다는 춤을 추듯 바람물결 일으키며
하얀빛 커튼 사이로 슬그머니 숨어버렸다

어여쁜 가시돋는 말 한마디 묻어놓고
따뜻한 불덩어리 꾹꾹쌓아 남겨둔 채
마음만 울먹이는 흔적 달래려 또 애써본다

—「빈 마음」 전문

시인은 「빈 마음」을 통해 개인의 체험을 노출시키고 있다.

'허무한 마음속에 칼상처 내보듯이 / 눈동자 초라하고 등짝이 초라하고 / 스스로 나를 채우지 못하는 부족한 느낌' 을 통해서 항구는 상처라는 의미를 부여하고 있다. 이 시를 보면, 그리움 없는 삶이 없듯이, 상처 없는 삶도 없다는 것을 느끼게 한다. 항구는 신비하다. 신비한 만큼 항구는 장난도 심하다. 그러한 장난을 통해서 때론 슬픔도 남기고, 그 슬픔은 오랜 기억을 남기게 한다.

유한아 시인은 하나의 대상도 그냥 지나치지 않고, 시인 특유의 애정으로 보고 있다. 대상에 대해 충분히 생각하고 그것을 위해서 나름대로 포장을 할 줄도 안다. 그리고 작품 하나하나에 숙성의 과정을 두었다. 그래서 진지하고 새롭게 보인다. 시인의 치열한 작가 의식의 산물이다.

대상과 언어와 작가의 시 의식이 잘 조화되어 있다. 우리는 항구의 사계를 통해 계절과 계절의 아름다운 경계에 있는 유한아 시인을 만나게 된다.